Molière

Monsieur de Pourceaugnac

Personnages

MONSIEUR DE POURCEAUGNAC.
ORONTE.
JULIE, fille d'Oronte.
NÉRINE, femme d'intrigue.
LUCETTE, feinte Gasconne.
ÉRASTE, amant de Julie.
SBRIGANI, Napolitain, homme d'intrigue.
PREMIER MÉDECIN.
SECOND MÉDECIN.
L'APOTHICAIRE.
UN PAYSAN.
UNE PAYSANNE.
PREMIER MUSICIEN.
SECOND MUSICIEN.
PREMIER AVOCAT.
SECOND AVOCAT.
PREMIER SUISSE.
SECOND SUISSE.
UN EXEMPT.
DEUX ARCHERS.
PLUSIEURS MUSICIENS, JOUEURS D'INSTRUMENTS ET DANSEURS.

La scène est à Paris.

1

Acte I

Scène première

Julie, Éraste, Nérine.

JULIE

Mon Dieu ! Éraste, gardons d'être surpris ; je tremble qu'on ne nous voie ensemble, et tout serait perdu, après la défense que l'on m'a faite.

ÉRASTE

Je regarde de tous côtés, et je n'aperçois rien.

JULIE

Aie aussi l'œil au guet, Nérine, et prends bien garde qu'il ne vienne personne.

NÉRINE

Reposez-vous sur moi, et dites hardiment ce que vous avez à vous dire.

JULIE

Avez-vous imaginé pour notre affaire quelque chose de favorable ? et croyez-vous, Éraste, pouvoir venir à bout de détourner ce fâcheux mariage que mon père s'est mis en tête ?

ÉRASTE

Au moins y travaillons-nous fortement ; et déjà nous avons préparé un bon nombre de batteries pour renverser ce dessein ridicule.

NÉRINE

Par ma foi ! voilà votre père.

JULIE

Ah ! séparons-nous vite.

NÉRINE

Non, non, non, ne bougez : je m'étais trompée.

JULIE

Mon Dieu ! Nérine, que tu es sotte de nous donner de ces frayeurs !

2

ÉRASTE

Oui, belle Julie, nous avons dressé pour cela quantité de machines, et nous ne feignons point de mettre tout en usage, sur la permission que vous m'avez donnée. Ne nous demandez point tous les ressorts que nous ferons jouer : vous en aurez le divertissement ; et, comme aux comédies, il est bon de vous laisser le plaisir de la surprise, et de ne vous avertir point de tout ce qu'on vous fera voir. C'est assez de vous dire que nous avons en main divers stratagèmes tous prêts à produire dans l'occasion, et que l'ingénieuse Nérine et l'adroit Sbrigani entreprennent l'affaire.

NÉRINE

Assurément. Votre père se moque-t-il de vouloir vous anger de son avocat de Limoges, Monsieur de Pourceaugnac, qu'il n'a vu de sa vie, et qui vient par le coche vous enlever à notre barbe ? Faut-il que trois ou quatre mille écus de plus, sur la parole de votre oncle, lui fassent rejeter un amant qui vous agrée ? et une personne comme vous est-elle faite pour un Limosin ? S'il a envie de se marier, que ne prend-il une Limosine et ne laisse-t-il en repos les chrétiens ? Le seul nom de Monsieur de Pourceaugnac m'a mis dans une colère effroyable. J'enrage de Monsieur de Pourceaugnac. Quand il n'y aurait que ce nom-là, Monsieur de Pourceaugnac, j'y brûlerai mes livres, ou je romprai ce mariage, et vous ne serez point Madame de Pourceaugnac. Pourceaugnac ! cela se peut-il souffrir ? Non : Pourceaugnac est une chose que je ne saurais supporter ; et nous lui jouerons tant de pièces, nous lui ferons tant de niches sur niches, que nous renverrons à Limoges Monsieur de Pourceaugnac.

ÉRASTE

Voici notre subtil Napolitain, qui nous dira des nouvelles.

Scène II

Sbrigani, Julie, Éraste, Nérine.

SBRIGANI

Monsieur, votre homme arrive, je l'ai vu à trois lieues d'ici, où a couché le coche ; et dans la cuisine où il est descendu pour déjeuner, je l'ai étudié une bonne grosse demie heure, et je le sais déjà par cœur. Pour sa figure, je ne veux point vous en parler : vous verrez de quel air la nature l'a desseinée, et si l'ajustement qui l'accompagne y répond comme il faut. Mais pour son esprit, je vous avertis par avance qu'il est des plus épais qui se fassent ; que nous trouvons en lui une matière tout à fait disposée pour ce que nous voulons, et qu'il est homme enfin à donner dans tous les panneaux qu'on lui présentera.

ÉRASTE

Nous dis-tu vrai ?

SBRIGANI

Oui, si je me connais en gens.

NÉRINE

Madame, voilà un illustre ; votre affaire ne pouvait être mise en de meilleures mains, et c'est le héros de notre siècle pour les exploits dont il s'agit : un homme qui, vingt fois en sa vie, pour servir ses amis, a généreusement affronté les galères, qui, au péril de ses bras, et de ses épaules, sait mettre noblement à fin les aventures les plus difficiles ; et qui, tel que vous le voyez, est exilé de son pays pour je ne sais combien d'actions honorables qu'il a généreusement entreprises.

SBRIGANI

Je suis confus des louanges dont vous m'honorez, et je pourrais vous en donner, avec plus de justice, sur les merveilles de votre vie ; et principalement sur la gloire que vous acquîtes, lorsque, avec tant d'honnêteté, vous pipâtes au jeu, pour douze mille écus, ce jeune seigneur étranger que l'on mena chez vous ; lorsque vous fîtes galamment ce faux contrat qui ruina toute une famille ; lorsque, avec tant de grandeur d'âme, vous sûtes nier le dépôt qu'on vous avait confié ; et que si généreusement on vous vit prêter votre témoignage à faire pendre ces deux personnes qui ne l'avaient pas mérité.

NÉRINE

Ce sont petites bagatelles qui ne valent pas qu'on en parle, et vos éloges me font rougir.

SBRIGANI

Je veux bien épargner votre modestie : laissons cela ; et pour commencer notre affaire, allons vite joindre notre provincial, tandis que, de votre côté, vous nous tiendrez prêts au besoin les autres acteurs de la comédie.

ÉRASTE

Au moins, Madame, souvenez-vous de votre rôle ; et pour mieux couvrir notre jeu, feignez, comme on vous a dit, d'être la plus contente du monde des résolutions de votre père.

JULIE

S'il ne tient qu'à cela, les choses iront à merveille.

4

ÉRASTE

Mais, belle Julie, si toutes nos machines venaient à ne pas réussir ?

JULIE

Je déclarerai à mon père mes véritables sentiments.

ÉRASTE

Et si, contre vos sentiments, il s'obstinait à son dessein ?

JULIE

Je le menacerais de me jeter dans un convent.

ÉRASTE

Mais si, malgré tout cela, il voulait vous forcer à ce mariage ?

JULIE

Que voulez-vous que je vous dise ?

ÉRASTE

Ce que je veux que vous me disiez ?

JULIE

Oui.

ÉRASTE

Ce qu'on dit quand on aime bien.

JULIE

Mais quoi ?

ÉRASTE

Que rien ne pourra vous contraindre, et que, malgré tous les efforts d'un père, vous me promettez d'être à moi.

JULIE

Mon Dieu ! Éraste, contentez-vous de ce que je fais maintenant, et n'allez point tenter sur l'avenir les résolutions de mon cœur ; ne fatiguez point mon devoir par les propositions d'une fâcheuse extrémité, dont peut-être n'aurons-nous pas besoin ; et s'il y faut venir, souffrez au moins que j'y sois entraînée par la suite des choses.

ÉRASTE

Eh bien…

SBRIGANI

Ma foi, voici notre homme, songeons à nous.

Ah ! comme il est bâti !

Scène III

Monsieur de Pourceaugnac se tourne du côté d'où il
vient, comme parlant à des gens qui le suivent, Sbrigani.

MONSIEUR DE POURCEAUGNAC
Eh bien, quoi ? qu'est-ce ? qu'y a-t-il ? Au diantre soit la sotte ville, et les
sottes gens qui y sont ! ne pouvoir faire un pas sans trouver des nigauds qui
vous regardent, et se mettent à rire ! Eh ! Messieurs les badauds, faites vos
affaires, et laissez passer les personnes sans leur rire au nez. Je me donne au
diable, si je ne baille un coup de poing au premier que je verrai rire.

SBRIGANI
Qu'est-ce que c'est, Messieurs ? que veut dire cela ? à qui en avez-vous ?
Faut-il se moquer ainsi des honnêtes étrangers qui arrivent ici ?

MONSIEUR DE POURCEAUGNAC
Voilà un homme raisonnable, celui-là.

SBRIGANI
Quel procédé est le vôtre ? et qu'avez-vous à rire ?

MONSIEUR DE POURCEAUGNAC
Fort bien.

SBRIGANI
Monsieur a-t-il quelque chose de ridicule en soi ?

MONSIEUR DE POURCEAUGNAC
Oui.

SBRIGANI
Est-il autrement que les autres ?

MONSIEUR DE POURCEAUGNAC
Suis-je tortu, ou bossu ?

SBRIGANI
Apprenez à connaître les gens.

MONSIEUR DE POURCEAUGNAC

C'est bien dit.

SBRIGANI

Monsieur est d'une mine à respecter.

MONSIEUR DE POURCEAUGNAC

Cela est vrai.

SBRIGANI

Personne de condition.

MONSIEUR DE POURCEAUGNAC

Oui, gentilhomme limosin.

SBRIGANI

Homme d'esprit.

MONSIEUR DE POURCEAUGNAC

Qui a étudié en droit.

SBRIGANI

Il vous fait trop d'honneur de venir dans votre ville.

MONSIEUR DE POURCEAUGNAC

Sans doute.

SBRIGANI

Monsieur n'est point une personne à faire rire.

MONSIEUR DE POURCEAUGNAC

Assurément.

SBRIGANI

Et quiconque rira de lui aura affaire à moi.

MONSIEUR DE POURCEAUGNAC

Monsieur, je vous suis infiniment obligé.

SBRIGANI

Je suis fâché, Monsieur, de voir recevoir de la sorte une personne comme vous, et je vous demande pardon pour la ville.

MONSIEUR DE POURCEAUGNAC

Je suis votre serviteur.

SBRIGANI

Je vous ai vu ce matin, Monsieur, avec le coche, lorsque vous avez déjeuné ; et la grâce avec laquelle vous mangiez votre pain m'a fait naître d'abord de l'amitié pour vous ; et comme je sais que vous n'êtes jamais venu en ce pays, et que vous y êtes tout neuf, je suis bien aise de vous avoir trouvé, pour vous offrir mon service à cette arrivée, et vous aider à vous conduire parmi ce peuple, qui n'a pas parfois pour les honnêtes gens toute la considération qu'il faudrait.

MONSIEUR DE POURCEAUGNAC

C'est trop de grâce que vous me faites.

SBRIGANI

Je vous l'ai déjà dit : du moment que je vous ai vu, je me suis senti pour vous de l'inclination.

MONSIEUR DE POURCEAUGNAC

Je vous suis obligé.

SBRIGANI

Votre physionomie m'a plu.

MONSIEUR DE POURCEAUGNAC

Ce m'est beaucoup d'honneur.

SBRIGANI

J'y ai vu quelque chose d'honnête.

MONSIEUR DE POURCEAUGNAC

Je suis votre serviteur.

SBRIGANI

Quelque chose d'aimable.

MONSIEUR DE POURCEAUGNAC

Ah, ah !

SBRIGANI

De gracieux.

MONSIEUR DE POURCEAUGNAC

Ah, ah !

SBRIGANI

De doux.

MONSIEUR DE POURCEAUGNAC

Ah, ah !

SBRIGANI

De majestueux.

MONSIEUR DE POURCEAUGNAC

Ah, ah !

SBRIGANI

De franc.

MONSIEUR DE POURCEAUGNAC

Ah, ah !

SBRIGANI

Et de cordial.

MONSIEUR DE POURCEAUGNAC

Ah, ah !

SBRIGANI

Je vous assure que je suis tout à vous.

MONSIEUR DE POURCEAUGNAC

Je vous ai beaucoup d'obligation.

SBRIGANI

C'est du fond du cœur que je parle.

MONSIEUR DE POURCEAUGNAC

Je le crois.

SBRIGANI

Si j'avais l'honneur d'être connu de vous, vous sauriez que je suis un homme tout à fait sincère.

MONSIEUR DE POURCEAUGNAC

Je n'en doute point.

SBRIGANI

Ennemi de la fourberie.

MONSIEUR DE POURCEAUGNAC

J'en suis persuadé.

SBRIGANI

Et qui n'est pas capable de déguiser ses sentiments.

MONSIEUR DE POURCEAUGNAC

C'est ma pensée.

SBRIGANI

Vous regardez mon habit qui n'est pas fait comme les autres ; mais je suis originaire de Naples, à votre service, et j'ai voulu conserver un peu et la manière de s'habiller, et la sincérité de mon pays.

MONSIEUR DE POURCEAUGNAC

C'est fort bien fait. Pour moi, j'ai voulu me mettre à la mode de la cour pour la campagne.

SBRIGANI

Ma foi ! cela vous va mieux qu'à tous nos courtisans.

MONSIEUR DE POURCEAUGNAC

C'est ce que m'a dit mon tailleur : l'habit est propre et riche, et il fera du bruit ici.

SBRIGANI

Sans doute. N'irez-vous pas au Louvre,

MONSIEUR DE POURCEAUGNAC

Il faudra bien aller faire ma cour.

SBRIGANI

Le Roi sera ravi de vous voir.

MONSIEUR DE POURCEAUGNAC

Je le crois.

SBRIGANI

Avez-vous arrêté un logis ?

MONSIEUR DE POURCEAUGNAC

Non ; j'allais en chercher un.

SBRIGANI

Je serai bien aise d'être avec vous pour cela, et je connais tout ce pays-ci.

Scène IV

Éraste, Sbrigani, monsieur de Pourceaugnac.

ÉRASTE

Ah ! qu'est-ce ci ? que vois-je ? Quelle heureuse rencontre ! Monsieur de Pourceaugnac ! Que je suis ravi de vous voir ! Comment ? il semble que vous ayez peine à me reconnaître !

MONSIEUR DE POURCEAUGNAC

Monsieur, je suis votre serviteur.

ÉRASTE

Est-il possible que cinq ou six années m'aient ôté de votre mémoire ? et que vous ne reconnaissiez pas le meilleur ami de toute la famille des Pourceaugnacs ?

MONSIEUR DE POURCEAUGNAC

Pardonnez-moi. *(À Sbrigani.)* Ma foi ! je ne sais qui il est.

ÉRASTE

Il n'y a pas un Pourceaugnac à Limoges que je ne connaisse, depuis le plus grand jusques au plus petit ; je ne fréquentais qu'eux dans le temps que j'y étais, et j'avais l'honneur de vous voir presque tous les jours.

MONSIEUR DE POURCEAUGNAC

C'est moi qui l'ai reçu, Monsieur.

ÉRASTE

Vous ne vous remettez point mon visage ?

MONSIEUR DE POURCEAUGNAC

Si fait. *(À Sbrigani.)* Je ne le connais point.

ÉRASTE

Vous ne vous ressouvenez pas que j'ai eu le bonheur de boire avec vous je ne sais combien de fois.

MONSIEUR DE POURCEAUGNAC

Excusez-moi. *(À. Sbrigani.)* Je ne sais ce que c'est.

ÉRASTE

Comment appelez-vous ce traiteur de Limoges qui fait si bonne chère.

MONSIEUR DE POURCEAUGNAC

Petit-Jean ?

ÉRASTE

Le voilà. Nous allions le plus souvent ensemble chez lui nous réjouir. Comment est-ce que vous nommez à Limoges ce lieu où l'on se promène.

MONSIEUR DE POURCEAUGNAC

Le cimetière des Arènes ?

ÉRASTE

Justement : c'est où je passais de si douces heures à jouir de votre agréable conversation. Vous ne vous remettez pas tout cela.

MONSIEUR DE POURCEAUGNAC

Excusez-moi, je me le remets. *(À sbrigani.)* Diable emporte si je m'en souviens.

SBRIGANI

Il y a cent choses comme cela qui passent de la tête.

ÉRASTE

Embrassez-moi donc, je vous prie, et resserrons les nœuds de notre ancienne amitié.

SBRIGANI

Voilà un homme qui vous aime fort.

ÉRASTE

Dites-moi un peu des nouvelles de toute la parenté : comment se porte Monsieur votre là… qui est si honnête homme.

MONSIEUR DE POURCEAUGNAC

Mon frère le consul ?

ÉRASTE

Oui.

MONSIEUR DE POURCEAUGNAC

Il se porte le mieux du monde.

ÉRASTE

Certes j'en suis ravi. Et celui qui est de si bonne humeur ? là… Monsieur votre…

MONSIEUR DE POURCEAUGNAC

Mon cousin l'assesseur ?

ÉRASTE

Justement.

MONSIEUR DE POURCEAUGNAC

Toujours gai et gaillard.

ÉRASTE

Ma foi ! j'en ai beaucoup de joie. Et Monsieur votre oncle ? le…

MONSIEUR DE POURCEAUGNAC

Je n'ai point d'oncle.

ÉRASTE

Vous aviez pourtant en ce temps-là

MONSIEUR DE POURCEAUGNAC

Non, rien qu'une tante.

ÉRASTE

C'est ce que je voulais dire, Madame votre tante : comment se porte-t-elle.

MONSIEUR DE POURCEAUGNAC

Elle est morte depuis six mois.

ÉRASTE

Hélas ! la pauvre femme ! elle était si bonne personne.

MONSIEUR DE POURCEAUGNAC

Nous avons aussi mon neveu le chanoine qui a pensé mourir de la petite vérole.

ÉRASTE

Quel dommage ç'aurait été !

MONSIEUR DE POURCEAUGNAC

Le connaissez-vous aussi ?

ÉRASTE

Vraiment si je le connais ! Un grand garçon bien fait.

MONSIEUR DE POURCEAUGNAC

Pas des plus grands.

ÉRASTE

Non, mais de taille bien prise.

MONSIEUR DE POURCEAUGNAC

Eh ! oui.

ÉRASTE

Qui est votre neveu

…

MONSIEUR DE POURCEAUGNAC

Oui.

ÉRASTE

Fils de votre frère et de votre sœur…

MONSIEUR DE POURCEAUGNAC

Justement.

ÉRASTE

Chanoine de l'église de… Comment l'appelez-vous.

MONSIEUR DE POURCEAUGNAC

De Saint-Étienne.

ÉRASTE

Le voilà, je ne connais autre.

MONSIEUR DE POURCEAUGNAC

Il dit toute la parenté.

SBRIGANI

Il vous connaît plus que vous ne croyez.

MONSIEUR DE POURCEAUGNAC

À ce que je vois, vous avez demeuré longtemps dans notre ville ?

ÉRASTE

Deux ans entiers.

MONSIEUR DE POURCEAUGNAC

Vous étiez donc là quand mon cousin l'élu fit tenir son enfant à Monsieur notre gouverneur ?

ÉRASTE

Vraiment oui, j'y fus convié des premiers.

MONSIEUR DE POURCEAUGNAC

Cela fut galant.

ÉRASTE

Très galant.

MONSIEUR DE POURCEAUGNAC

C'était un repas bien troussé.

ÉRASTE

Sans doute.

MONSIEUR DE POURCEAUGNAC

Vous vîtes donc aussi la querelle que j'eus avec ce gentilhomme périgordin ?

ÉRASTE

Oui.

MONSIEUR DE POURCEAUGNAC

Parbleu ! il trouva à qui parler.

ÉRASTE

Ah, ah !

MONSIEUR DE POURCEAUGNAC

Il me donna un soufflet, mais je lui dis bien son fait.

ÉRASTE

Assurément. Au reste, je ne prétends pas que vous preniez d'autre logis que le mien.

MONSIEUR DE POURCEAUGNAC

Je n'ai garde de…

ÉRASTE

Vous moquez-vous ? Je ne souffrirai point du tout que mon meilleur ami soit autre part que dans ma maison.

MONSIEUR DE POURCEAUGNAC

Ce serait vous…

ÉRASTE

Non : le diable m'emporte ! vous logerez chez moi.

SBRIGANI

Puisqu'il le veut obstinément, je vous conseille d'accepter l'offre.

ÉRASTE

Où sont vos hardes ?

MONSIEUR DE POURCEAUGNAC

Je les ai laissées, avec mon valet, où je suis descendu.

ÉRASTE

Envoyons-les querir par quelqu'un.

MONSIEUR DE POURCEAUGNAC

Non : je lui ai défendu de bouger, à moins que j'y fusse moi-même, de peur de quelque fourberie.

SBRIGANI

C'est prudemment avisé.

MONSIEUR DE POURCEAUGNAC

Ce pays-ci est un peu sujet à caution.

ÉRASTE

On voit les gens d'esprit en tout.

SBRIGANI

Je vais accompagner Monsieur, et le ramènerai où vous voudrez.

ÉRASTE

Oui, je serai bien aise de donner quelques ordres, et vous n'avez qu'à revenir à cette maison-là.

SBRIGANI

Nous sommes à vous tout à l'heure.

ÉRASTE

Je vous attends avec impatience.

MONSIEUR DE POURCEAUGNAC

Voilà une connaissance où je ne m'attendais point.

SBRIGANI

Il a la mine d'être honnête homme.

ÉRASTE, *seul*

Ma foi ! Monsieur de Pourceaugnac, nous vous en donnerons de toutes les façons ; les choses sont préparées, et je n'ai qu'à frapper.

Scène V

L'apothicaire, Éraste.

ÉRASTE

Je crois, Monsieur, que vous êtes le médecin à qui l'on est venu parler de ma part.

L'APOTHICAIRE

Non, Monsieur, ce n'est pas moi qui suis le médecin ; à moi n'appartient pas cet honneur, et je ne suis qu'apothicaire, apothicaire indigne, pour vous servir.

ÉRASTE

Et Monsieur le médecin est-il à la maison ?

L'APOTHICAIRE

Oui, il est là embarrassé à expédier quelques malades, et je vais lui dire que vous êtes ici.

ÉRASTE

Non, ne bougez : j'attendrai qu'il ait fait ; c'est pour lui mettre entre les mains certain parent que nous avons, dont on lui a parlé, et qui se trouve attaqué de quelque folie, que nous serions bien aises qu'il pût guérir avant que de le marier.

L'APOTHICAIRE

Je sais ce que c'est, je sais ce que c'est, et j'étais avec lui quand on lui a parlé de cette affaire. Ma foi, ma foi ! vous ne pouviez pas vous adresser à un médecin plus habile : c'est un homme qui sait la médecine à fond, comme je sais ma croix de par Dieu, et qui, quand on devrait crever, ne démordrait pas d'un *iota* des règles des anciens. Oui, il suit toujours le grand chemin, le grand chemin, et ne va point chercher midi à quatorze heures ; et pour tout l'or du monde, il ne voudrait pas avoir guéri une personne avec d'autres remèdes que ceux que la Faculté permet.

ÉRASTE

Il fait fort bien : un malade ne doit point vouloir guérir que la Faculté n'y consente.

L'APOTHICAIRE

Ce n'est pas parce que nous sommes grands amis, que j'en parle ; mais il y a plaisir, il y a plaisir d'être son malade ; et j'aimerais mieux mourir de ses remèdes que de guérir de ceux d'un autre ; car, quoi qui puisse arriver, on est assuré que les choses sont toujours dans l'ordre ; et quand on meurt sous sa conduite, vos héritiers n'ont rien à vous reprocher.

ÉRASTE

C'est une grande consolation pour un défunt.

L'APOTHICAIRE

Assurément : on est bien aise au moins d'être mort méthodiquement. Au reste, il n'est pas de ces médecins qui marchandent les maladies : c'est un homme expéditif, expéditif, qui aime à dépêcher ses malades ; et quand on a à mourir, cela se fait avec lui le plus vite du monde.

ÉRASTE

En effet, il n'est rien tel que de sortir promptement d'affaire.

L'APOTHICAIRE

Cela est vrai : à quoi bon tant barguigner et tant tourner autour du pot ? Il faut savoir vitement le court ou le long d'une maladie.

ÉRASTE

Vous avez raison.

L'APOTHICAIRE

Voilà déjà trois de mes enfants dont il m'a fait l'honneur de conduire la maladie, qui sont morts en moins de quatre jours, et qui, entre les mains d'un autre, auraient langui plus de trois mois.

ÉRASTE

Il est bon d'avoir des amis comme cela.

L'APOTHICAIRE

Sans doute. Il ne me reste plus que deux enfants, dont il prend soin comme des siens ; il les traite et gouverne à sa fantaisie, sans que je me mêle de rien ; et le plus souvent, quand je reviens de la ville, je suis tout étonné que je les trouve saignés ou purgés par son ordre.

ÉRASTE

Voilà des soins fort obligeants.

L'APOTHICAIRE

Le voici, le voici, le voici qui vient.

Scène VI

Premier médecin, un paysan, une
paysanne, Éraste, l'apothicaire.

LE PAYSAN

Monsieur, il n'en peut plus, et il dit qu'il sent dans la tête les plus grandes
douleurs du monde.

PREMIER MÉDECIN

Le malade est un sot, d'autant plus que, dans la maladie dont il est attaqué,
ce n'est pas la tête, selon Galien, mais la rate, qui lui doit faire mal.

LE PAYSAN

Quoi que c'en soit, Monsieur, il a toujours avec cela son cours de ventre
depuis six mois.

PREMIER MÉDECIN

Bon, c'est signe que le dedans se dégage. Je l'irai visiter dans deux ou trois
jours ; mais s'il mourait avant ce temps-là, ne manquez pas de m'en donner
avis, car il n'est pas de la civilité qu'un médecin visite un mort.

LA PAYSANNE

Mon père, Monsieur, est toujours malade de plus en plus.

PREMIER MÉDECIN

Ce n'est pas ma faute : je lui donne des remèdes ; que ne guérit-il ? Combien
a-t-il été saigné de fois.

LA PAYSANNE

Quinze, Monsieur, depuis vingt jours.

PREMIER MÉDECIN

Quinze fois saigné ?

LA PAYSANNE

Oui.

PREMIER MÉDECIN

Et il ne guérit point.

LA PAYSANNE

Non, Monsieur.

PREMIER MÉDECIN

C'est signe que la maladie n'est pas dans le sang. Nous le ferons purger
autant de fois, pour voir si elle n'est pas dans les humeurs ; et si rien ne nous
réussit, nous l'envoyerons aux bains.

19

L'APOTHICAIRE
Voilà le fin cela, voilà le fin de la médecine.

ÉRASTE
C'est moi, Monsieur, qui vous ai envoyé parler ces jours passés pour un parent un peu troublé d'esprit, que je veux vous donner chez vous, afin de le guérir avec plus de commodité, et qu'il soit vu de moins de monde.

PREMIER MÉDECIN
Oui, Monsieur, j'ai déjà disposé tout, et promets d'en avoir tous les soins imaginables.

ÉRASTE
Le voici.

PREMIER MÉDECIN
La conjoncture est tout à fait heureuse, et j'ai ici un ancien de mes amis avec lequel je serai bien aise de consulter sa maladie.

Scène VII

Monsieur de Pourceaugnac, Éraste, premier médecin, l'apothicaire.

ÉRASTE
Une petite affaire m'est survenue, qui m'oblige à vous quitter : mais voilà une personne entre les mains de qui je vous laisse, qui aura soin pour moi de vous traiter du mieux qu'il lui sera possible.

PREMIER MÉDECIN
Le devoir de ma profession m'y oblige, et c'est assez que vous me chargiez de ce soin.

MONSIEUR DE POURCEAUGNAC
C'est son maître d'hôtel, et il faut que ce soit un homme de qualité.

PREMIER MÉDECIN
Oui, je vous assure que je traiterai Monsieur méthodiquement, et dans toutes les régularités de notre art.

MONSIEUR DE POURCEAUGNAC
Mon Dieu ! il ne me faut point tant de cérémonies ; et je ne viens pas ici pour incommoder.

20

PREMIER MÉDECIN
Un tel emploi ne me donne que de la joie.

ÉRASTE
Voilà toujours six pistoles d'avance, en attendant ce que j'ai promis.

MONSIEUR DE POURCEAUGNAC
Non, s'il vous plaît, je n'entends pas que vous fassiez de dépense, et que vous envoyiez rien acheter pour moi.

ÉRASTE
Mon Dieu ! laissez faire. Ce n'est pas pour ce que vous pensez.

MONSIEUR DE POURCEAUGNAC
Je vous demande de ne me traiter qu'en ami.

ÉRASTE
C'est ce que je veux faire. *(Bas au médecin.)* Je vous recommande surtout de ne le point laisser sortir de vos mains ; car parfois il veut s'échapper.

PREMIER MÉDECIN
Ne vous mettez pas en peine.

ÉRASTE, *à Monsieur de Pourceaugnac*
Je vous prie de m'excuser de l'incivilité que je commets.

MONSIEUR DE POURCEAUGNAC
Vous vous moquez, et c'est trop de grâce que vous me faites.

Scène VIII

Premier médecin, second médecin,
monsieur de Pourceaugnac, l'apothicaire.

PREMIER MÉDECIN
Ce m'est beaucoup d'honneur, Monsieur, d'être choisi pour vous rendre service.

MONSIEUR DE POURCEAUGNAC
Je suis votre serviteur.

PREMIER MÉDECIN
Voici un habile homme, mon confrère, avec lequel je vais consulter la manière dont nous vous traiterons.

MONSIEUR DE POURCEAUGNAC

Il ne faut point tant de façons, vous dis-je, et je suis homme à me contenter de l'ordinaire.

PREMIER MÉDECIN

Allons, des sièges.

MONSIEUR DE POURCEAUGNAC

Voilà, pour un jeune homme, des domestiques bien lugubres !

PREMIER MÉDECIN

Allons, Monsieur : prenez votre place, Monsieur. *(Lorsqu'ils sont assis, les deux Médecins lui prennent chacun une main, pour lui tâter le pouls.*

MONSIEUR DE POURCEAUGNAC, *présentant ses mains*

Votre très humble valet. *(Voyant qu'ils lui tâtent le pouls.)* Que veut dire cela ?

PREMIER MÉDECIN

Mangez-vous bien, Monsieur ?

MONSIEUR DE POURCEAUGNAC

Oui, et bois encore mieux.

PREMIER MÉDECIN

Tant pis : cette grande appétition du froid et de l'humide est une indication de la chaleur et sécheresse qui est au-dedans. Dormez-vous fort ?

MONSIEUR DE POURCEAUGNAC

Oui, quand j'ai bien soupé.

PREMIER MÉDECIN

Faites-vous des songes ?

MONSIEUR DE POURCEAUGNAC

Quelquefois.

PREMIER MÉDECIN

De quelle nature sont-ils ?

MONSIEUR DE POURCEAUGNAC

De la nature des songes. Quelle diable de conversation est-ce là ?

PREMIER MÉDECIN

Vos déjections, comment sont-elles ?

MONSIEUR DE POURCEAUGNAC

Ma foi ! je ne comprends rien à toutes ces questions, et je veux plutôt boire un coup.

PREMIER MÉDECIN

Un peu de patience, nous allons raisonner sur votre affaire devant vous, et nous le ferons en français, pour être plus intelligibles.

MONSIEUR DE POURCEAUGNAC

Quel grand raisonnement faut-il pour manger un morceau ?

PREMIER MÉDECIN

Comme ainsi soit qu'on ne puisse guérir une maladie qu'on ne la connaisse parfaitement, et qu'on ne la puisse parfaitement connaître sans en bien établir l'idée particulière, et la véritable espèce, par ses signes diagnostiques et prognostiques, vous me permettrez, Monsieur notre ancien, d'entrer en considération de la maladie dont il s'agit, avant que de toucher à la thérapeutique, et aux remèdes qu'il nous conviendra faire pour la parfaite curation d'icelle. Je dis donc, Monsieur, avec votre permission, que notre malade ici présent est malheureusement attaqué, affecté, possédé, travaillé de cette sorte de folie que nous nommons fort bien mélancolie hypocondriaque, espèce de folie très fâcheuse, et qui ne demande pas moins qu'un Esculape comme vous, consommé dans notre art, vous, dis-je, qui avez blanchi, comme on dit, sous le harnois, et auquel il en a tant passé par les mains de toutes les façons. Je l'appelle mélancolie hypocondriaque, pour la distinguer des deux autres ; car le célèbre Galien établit doctement à son ordinaire trois espèces de cette maladie que nous nommons mélancolie, ainsi appelée non seulement par les Latins, mais encore par les Grecs, ce qui est bien à remarquer pour notre affaire : la première, qui vient du propre vice du cerveau ; la seconde, qui vient de tout le sang, fait et rendu atrabilaire ; la troisième, appelée hypocondriaque, qui est la nôtre, laquelle procède du vice de quelque partie du bas-ventre et de la région inférieure, mais particulièrement de la rate, dont la chaleur et l'inflammation porte au cerveau de notre malade beaucoup de fuligines épaisses et crasses, dont la vapeur noire et maligne cause dépravation aux fonctions de la faculté princesse, et fait la maladie dont, par notre raisonnement il est manifestement atteint et convaincu. Qu'ainsi ne soit, pour diagnostique incontestable de ce que je dis, vous n'avez qu'à considérer ce grand sérieux que vous voyez ; cette tristesse accompagnée de crainte et de défiance, signes pathognomoniques et individuels de cette maladie, si bien marquée chez le divin vieillard Hippocrate ; cette physionomie, ces yeux rouges et hagards, cette grande barbe, cette habitude du corps, menue, grêle, noire et velue, lesquels signes le dénotent très affecté de cette maladie, procédante du vice des hypocondres : laquelle maladie, par laps de temps naturalisée, envieillie, habituée, et ayant pris droit de bourgeoisie chez lui, pourrait bien dégénérer ou en manie, ou en phtisie, ou en apoplexie, ou même en fine frénésie et fureur. Tout ceci supposé, puisqu'une maladie bien connue est à demi guérie, car *ignoti nulla est curatio morbi*, il ne vous sera pas difficile de convenir des remèdes que nous devons faire à Monsieur. Premièrement, pour remédier à cette pléthore obturante, et à cette cacochymie luxuriante par tout le corps, je suis d'avis qu'il soit phlébotomisé libéralement, c'est-à-dire que les saignées soient fréquentes et plantureuses : en premier lieu de la basilique, puis de la céphalique ; et même, si le mal est opiniâtre, de lui ouvrir la veine du front, et que l'ouverture soit large, afin que le gros sang puisse sortir ; et en même temps, de le purger, désopiler, et évacuer par purgatifs propres et convenables, c'est-à-dire par cholagogues, mélanogogues, *et cœtera ;* et comme la véritable source de tout le mal est ou une humeur crasse et féculente, ou une vapeur noire et grossière qui obscurcit, infecte et salit les esprits animaux, il est à propos ensuite qu'il prenne un bain d'eau pure et nette, avec force petit-lait clair, pour purifier par l'eau la féculence de l'humeur crasse, et éclaircir par le lait clair la noirceur de cette vapeur ; mais, avant toute chose, je trouve qu'il est bon de le réjouir par agréables conversations, chants et instruments de musique, à quoi il n'y a pas d'inconvénient de joindre des danseurs, afin que leurs mouvements, disposition et agilité puissent exciter et réveiller la paresse de ses esprits engourdis, qui occasionne l'épaisseur de son sang, d'où procède la maladie. Voilà les remèdes que j'imagine, auxquels pourront être ajoutés beaucoup d'autres meilleurs par Monsieur notre maître et ancien, suivant l'expérience, jugement, lumière et suffisance qu'il s'est acquise dans notre art. *Dixi.*

SECOND MÉDECIN

À Dieu ne plaise, Monsieur, qu'il me tombe en pensée d'ajouter rien à ce que vous venez de dire ! Vous avez si bien discouru sur tous les signes, les symptômes et les causes de la maladie de Monsieur ; le raisonnement que vous en avez fait est si docte et si beau, qu'il est impossible qu'il ne soit pas fou, et mélancolique hypocondriaque ; et quand il ne le serait pas, il faudrait qu'il le devînt, pour la beauté des choses que vous avez dites, et la justesse du raisonnement que vous avez fait. Oui, Monsieur, vous avez dépeint fort graphiquement, *graphice depinxisti,* tout ce qui appartient à cette maladie : il ne se peut rien de plus doctement, sagement, ingénieusement conçu, pensé, imaginé, que ce que vous avez prononcé au sujet de ce mal, soit pour la diagnose, ou la prognose, ou la thérapie ; et il ne me reste rien ici, que de féliciter Monsieur d'être tombé entre vos mains, et de lui dire qu'il est trop heureux d'être fou, pour éprouver l'efficace et la douceur des remèdes que vous avez si judicieusement proposés. Je les approuve tous, *manibus et pedibus descendo in tuam sententiam.* Tout ce que j'y voudrais, c'est de faire les saignées et les purgations en nombre impair : *numero deus impari gaudet* ; de prendre le lait clair avant le bain ; de lui composer un fronteau où il entre du sel : le sel est symbole de la sagesse ; de faire blanchir les murailles de sa chambre, pour dissiper les ténèbres de ses esprits : *album est disgregativum visus* ; et de lui donner tout à l'heure un petit lavement, pour servir de prélude et d'introduction à ces judicieux remèdes, dont, s'il a à guérir, il doit recevoir du soulagement. Fasse le Ciel que ces remèdes, Monsieur, qui sont les vôtres, réussissent au malade selon notre intention !

MONSIEUR DE POURCEAUGNAC

Messieurs, il y a une heure que je vous écoute. Est-ce que nous jouons ici une comédie ?

PREMIER MÉDECIN

Non, Monsieur, nous ne jouons point.

MONSIEUR DE POURCEAUGNAC

Qu'est-ce que tout ceci ? et que voulez-vous dire avec votre galimatias et vos sottises ?

PREMIER MÉDECIN

Bon, dire des injures. Voilà un diagnostique qui nous manquait pour la confirmation de son mal, et ceci pourrait bien tourner en manie.

MONSIEUR DE POURCEAUGNAC

Avec qui m'a-t-on mis ici ?

(Il crache deux ou trois fois.)

PREMIER MÉDECIN

Autre diagnostique : la sputation fréquente.

MONSIEUR DE POURCEAUGNAC

Laissons cela, et sortons d'ici.

PREMIER MÉDECIN

Autre encore : l'inquiétude de changer de place.

MONSIEUR DE POURCEAUGNAC

Qu'est-ce donc que toute cette affaire ? et que me voulez-vous ?

PREMIER MÉDECIN

Vous guérir, selon l'ordre qui nous a été donné.

MONSIEUR DE POURCEAUGNAC

Me guérir ?

PREMIER MÉDECIN

Oui.

MONSIEUR DE POURCEAUGNAC

Parbleu ! je ne suis pas malade.

PREMIER MÉDECIN

Mauvais signe, lorsqu'un malade ne sent pas son mal.

MONSIEUR DE POURCEAUGNAC

Je vous dis que je me porte bien.

PREMIER MÉDECIN

Nous savons mieux que vous comment vous vous portez, et nous sommes médecins, qui voyons clair dans votre constitution.

MONSIEUR DE POURCEAUGNAC

Si vous êtes médecins, je n'ai que faire de vous ; et je me moque de la médecine.

PREMIER MÉDECIN

Hon, hon : voici un homme plus fou que nous ne pensons.

MONSIEUR DE POURCEAUGNAC

Mon père et ma mère n'ont jamais voulu de remèdes, et ils sont morts tous deux sans l'assistance des médecins.

PREMIER MÉDECIN

Je ne m'étonne pas s'ils ont engendré un fils qui est insensé. Allons, procédons à la curation, et par la douceur exhilarante de l'harmonie, adoucissons, lénifions, et accoisons l'aigreur de ses esprits, que je vois prêts à s'enflammer.

Scène IX

Monsieur de Pourceaugnac.

Que diable est-ce là ? Les gens de ce pays-ci sont-ils insensés ? Je n'ai jamais rien vu de tel, et je n'y comprends rien du tout.

Scène X

Deux musiciens italiens en médecins crotesques, suivis
de huit matassins, chantent ces paroles soutenues
de la symphonie d'un mélange d'instruments.

LES DEUX MUSICIENS

Bon di, bon di, bon di :
Non vi lasciate uccidere Dal dolor malinconico.
Noi vi faremo ridere
Col nostro canto harmonico
Sol'per guarirvi
Siamo venuti qui.
Bon di, bon di, bon di.

PREMIER MUSICIEN

Altro non è la pazzia
Che malinconia.
Il malato
Non è disperato,
Se vol pigliar un poco d'allegria :
Altro non è la pazzia
Che malinconia.

SECOND MUSICIEN

Sù, cantate, ballate, ridete
E se far meglio volete,
Quando sentite il deliro vicino,
Pigliate del vino,
E qualche volta un po'po' di tabac.
Alegramente, Monsu Pourceaugnac !

Scène XI

L'apothicaire, monsieur de Pourceaugnac.

L'APOTHICAIRE

Monsieur, voici un petit remède, un petit remède, qu'il vous faut prendre,
s'il vous plaît, s'il vous plaît.

MONSIEUR DE POURCEAUGNAC
Comment ? Je n'ai que faire de cela.

L'APOTHICAIRE
Il a été ordonné, Monsieur, il a été ordonné.

MONSIEUR DE POURCEAUGNAC
Ah ! que de bruit !

L'APOTHICAIRE
Prenez-le, Monsieur, prenez-le : il ne vous fera point de mal, il ne vous fera point de mal.

MONSIEUR DE POURCEAUGNAC
Ah !

L'APOTHICAIRE
C'est un petit clystère, un petit clystère, benin, benin ; il est benin, benin ; là, prenez, prenez, prenez, Monsieur : c'est pour déterger, pour déterger, déterger...

(Les deux Musiciens, accompagnés des Matassins et des instruments, dansent à l'entour de M. de Pourceaugnac, et s'arrêtant devant lui, chantent :)

Piglia-lo sù,
Signor Monsu,
Piglia-lo, piglia-lo, piglia-lo sù,
Che non ti farà male,
Piglia-lo sù questo servitiale ;
Piglia-lo sù,
Signor Monsu,
Piglia-lo, piglia-lo, piglia-lo sù.

MONSIEUR DE POURCEAUGNAC, *fuyant*
Allez-vous-en au diable.

(L'Apothicaire, les deux Musiciens, et les Matassins le suivent, tous une seringue à la main.)

Acte II

Scène première

Sbrigani, premier médecin.

PREMIER MÉDECIN
Il a forcé tous les obstacles que j'avais mis, et s'est dérobé aux remèdes que je commençais de lui faire.

SBRIGANI
C'est être bien ennemi de soi-même, que de fuir des remèdes aussi salutaires que les vôtres.

PREMIER MÉDECIN
Marque d'un cerveau démonté, et d'une raison dépravée, que de ne vouloir pas guérir.

SBRIGANI
Vous l'auriez guéri haut la main.

PREMIER MÉDECIN
Sans doute, quand il y aurait eu complication de douze maladies.

SBRIGANI
Cependant voilà cinquante pistoles bien acquises qu'il vous fait perdre.

PREMIER MÉDECIN
Moi ? je n'entends point les perdre, et prétends le guérir en dépit qu'il en ait. Il est lié et engagé à mes remèdes, et je veux le faire saisir où je le trouverai, comme déserteur de la médecine, et infracteur de mes ordonnances.

SBRIGANI
Vous avez raison : vos remèdes étaient un coup sûr, et c'est de l'argent qu'il vous vole.

PREMIER MÉDECIN
Où puis-je en avoir des nouvelles ?

SBRIGANI
Chez le bon homme Oronte assurément, dont il vient épouser la fille, et qui, ne sachant rien de l'infirmité de son gendre futur, voudra peut-être se hâter de conclure le mariage.

PREMIER MÉDECIN

Je vais lui parler tout à l'heure.

SBRIGANI

Vous ne ferez point mal.

PREMIER MÉDECIN

Il est hypothéqué à mes consultations, et un malade ne se moquera pas d'un médecin.

SBRIGANI

C'est fort bien dit à vous ; et, si vous m'en croyez, vous ne souffrirez point qu'il se marie, que vous ne l'ayez pansé tout votre soûl.

PREMIER MÉDECIN

Laissez-moi faire.

SBRIGANI

Je vais, de mon côté, dresser une autre batterie, et le beau-père est aussi dupe que le gendre.

Scène II

Oronte, premier médecin.

PREMIER MÉDECIN

Vous avez, Monsieur, un certain Monsieur de Pourceaugnac qui doit épouser votre fille.

ORONTE

Oui, je l'attends de Limoges, et il devrait être arrivé.

PREMIER MÉDECIN

Aussi l'est-il, et il s'en est fui de chez moi, après y avoir été mis ; mais je vous défends, de la part de la médecine, de procéder au mariage que vous avez conclu, que je ne l'aie dûment préparé pour cela, et mis en état de procréer des enfants bien conditionnés et de corps et d'esprit.

ORONTE

Comment donc ?

PREMIER MÉDECIN

Votre prétendu gendre a été constitué mon malade : sa maladie qu'on m'a donné à guérir est un meuble qui m'appartient, et que je compte entre mes effets ; et je vous déclare que je ne prétends point qu'il se marie, qu'au préalable il n'ait satisfait à la médecine, et subi les remèdes que je lui ai ordonnés.

ORONTE

Il a quelque mal ?

PREMIER MÉDECIN

Oui.

ORONTE

Et quel mal, s'il vous plaît ?

PREMIER MÉDECIN

Ne vous en mettez pas en peine.

ORONTE

Est-ce quelque mal… ?

PREMIER MÉDECIN

Les médecins sont obligés au secret : il suffit que je vous ordonne, à vous et à votre fille, de ne point célébrer, sans mon consentement, vos noces avec lui, sur peine d'encourir la disgrâce de la Faculté, et d'être accablés de toutes les maladies qu'il nous plaira.

ORONTE

Je n'ai garde, si cela est, de faire le mariage.

PREMIER MÉDECIN

On me l'a mis entre les mains, et il est obligé d'être mon malade.

ORONTE

À la bonne heure.

PREMIER MÉDECIN

Il a beau fuir, je le ferai condamner par arrêt à se faire guérir par moi.

ORONTE

J'y consens.

PREMIER MÉDECIN

Oui, il faut qu'il crève, ou que je le guérisse.

ORONTE

Je le veux bien.

PREMIER MÉDECIN

Et si je ne le trouve, je m'en prendrai à vous, et je vous guérirai au lieu de lui.

ORONTE

Je me porte bien.

PREMIER MÉDECIN

Il n'importe, il me faut un malade, et je prendrai qui je pourrai.

ORONTE

Prenez qui vous voudrez ; mais ce ne sera pas moi. Voyez un peu la belle raison.

Scène III

Sbrigani, en marchand flamand, Oronte.

SBRIGANI

Montsir, avec le vostre permissione, je suisse un trancher marchand Flamane, qui voudrait bienne vous temandair un petit nouvel.

ORONTE

Quoi, Monsieur ?

SBRIGANI

Mettez le vostre chapeau sur le teste, Montsir, si ve plaist

ORONTE

Dites-moi, Monsieur, ce que vous voulez.

SBRIGANI

Moi le dire rien, Montsir, si vous le mettre pas le chapeau sur le teste.

ORONTE

Soit. Qu'y a-t-il, Monsieur ?

SBRIGANI

Fous connoistre point en sti file un certe Montsir Oronte ?

ORONTE

Oui, je le connais.

SBRIGANI

Et quel homme est-ile, Montsir, si ve plaist ?

ORONTE

C'est un homme comme les autres.

SBRIGANI
Je vous temande, Montsir, s'il est un homme riche qui a du bienne ?

ORONTE
Oui.

SBRIGANI
Mais riche beaucoup grandement, Montsir ?

ORONTE
Oui.

SBRIGANI
J'en suis aise beaucoup, Montsir.

ORONTE
Mais pourquoi cela.

SBRIGANI
L'est, Montsir, pour un petit raisonne de conséquence pour nous.

ORONTE
Mais encore, pourquoi.

SBRIGANI
L'est, Montsir, que sti Montsir Oronte donne son fille en mariage à un certe Montsir de Pourcegnac.

ORONTE
Eh bien.

SBRIGANI
Et sti Montsir de Pourcegnac, Montsir, l'est un homme que doivre beaucoup grandement à dix ou douze marchanne Flamane qui estre venu ici.

ORONTE
Ce Monsieur de Pourceaugnac doit beaucoup à dix ou douze marchands ?

SBRIGANI
Oui, Montsir ; et depuis huit mois, nous avoir obtenir un petit sentence contre lui, et lui à remettre à payer tou ce créanciers de sti mariage que sti Montsir Oronte donne pour son fille.

ORONTE
Hon, hon, il a remis là à payer ses créanciers ?

SBRIGANI

Oui, Montsir, et avec un grant dévotion nous tous attendre sti mariage.

ORONTE

L'avis n'est pas mauvais. Je vous donne le bonjour.

SBRIGANI

Je remercie, Montsir, de la faveur grande.

ORONTE

Votre très humble valet.

SBRIGANI

Je le suis, Montsir, obliger plus que beaucoup du bon nouvel que Montsir m'avoir donné.

Cela ne va pas mal. Quittons notre ajustement de Flamand, pour songer à d'autres machines ; et tâchons de semer tant de soupçons et de division entre le beau-père et le gendre, que cela rompe le mariage prétendu. Tous deux également sont propres à gober les hameçons qu'on leur veut tendre ; et, entre nous autres fourbes de la première classe, nous ne faisons que nous jouer, lorsque nous trouvons un gibier aussi facile que celui-là.

Scène IV

Monsieur de Pourceaugnac, Sbrigani.

MONSIEUR DE POURCEAUGNAC

Piglia-lo su, piglia-lo su, Signor Monsu : que diable est-ce là ? Ah !

SBRIGANI

Qu'est-ce, Monsieur, qu'avez-vous ?

MONSIEUR DE POURCEAUGNAC

Tout ce que je vois me semble lavement.

SBRIGANI

Comment ?

MONSIEUR DE POURCEAUGNAC

Vous ne savez pas ce qui m'est arrivé dans ce logis à la porte duquel vous m'avez conduit ?

SBRIGANI

Non vraiment : qu'est-ce que c'est ?

MONSIEUR DE POURCEAUGNAC

Je pensais y être régalé comme il faut.

SBRIGANI

Eh bien ?

MONSIEUR DE POURCEAUGNAC

Je vous laisse entre les mains de Monsieur. Des médecins habillés de noir. Dans une chaise. Tâter le pouls. Comme ainsi soit. Il est fou. Deux gros joufflus. Grands chapeaux. *Bondi, bondi.* Six Pantalons. Ta, ra, ta, ta ; Ta, ra, ta, ta. *Alegramente, Monsu Pourceaugnac.* Apothicaire. Lavement. Prenez, Monsieur, prenez, prenez. Il est benin, benin, benin. C'est pour déterger, pour déterger, déterger. *Piglia-lo sù, Signor Monsu, piglia-lo, piglia-lo, piglia-lo sù.* Jamais je n'ai été si soûl de sottises.

SBRIGANI

Qu'est-ce que tout cela veut dire ?

MONSIEUR DE POURCEAUGNAC

Cela veut dire que cet homme-là, avec ses grandes embrassades, est un fourbe qui m'a mis dans une maison pour se moquer de moi, et me faire une pièce.

SBRIGANI

Cela est-il possible ?

MONSIEUR DE POURCEAUGNAC

Sans doute. Ils étaient une douzaine de possédés après mes chausses ; et j'ai eu toutes les peines du monde à m'échapper de leurs pattes.

SBRIGANI

Voyez un peu, les mines sont bien trompeuses ! je l'aurais cru le plus affectionné de vos amis. Voilà un de mes étonnements, comme il est possible qu'il y ait des fourbes comme cela dans le monde.

MONSIEUR DE POURCEAUGNAC

Ne sens-je point le lavement ? Voyez, je vous prie.

SBRIGANI

Eh ! il y a quelque petite chose qui approche de cela.

MONSIEUR DE POURCEAUGNAC

J'ai l'odorat et l'imagination tout rempli de cela, et il me semble toujours que je vois une douzaine de lavements qui me couchent en joue.

35

SBRIGANI

Voilà une méchanceté bien grande ! et les hommes sont bien traîtres et scélérats !

MONSIEUR DE POURCEAUGNAC

Enseignez-moi, de grâce, le logis de Monsieur Oronte : je suis bien aise d'y aller tout à l'heure.

SBRIGANI

Ah, ah ! vous êtes donc de complexion amoureuse, et vous avez ouï parler que ce Monsieur Oronte a une fille... ?

MONSIEUR DE POURCEAUGNAC

Oui, je viens l'épouser.

SBRIGANI

L'é... l'épouser ?

MONSIEUR DE POURCEAUGNAC

Oui.

SBRIGANI

En mariage ?

MONSIEUR DE POURCEAUGNAC

De quelle façon donc ?

SBRIGANI

Ah ! c'est une autre chose, et je vous demande pardon.

MONSIEUR DE POURCEAUGNAC

Qu'est-ce que cela veut dire ?

SBRIGANI

Rien.

MONSIEUR DE POURCEAUGNAC

Mais encore ?

SBRIGANI

Rien, vous dis-je : j'ai un peu parlé trop vite.

MONSIEUR DE POURCEAUGNAC

Je vous prie de me dire ce qu'il y a là-dessous.

SBRIGANI

Non, cela n'est pas nécessaire.

MONSIEUR DE POURCEAUGNAC

De grâce.

SBRIGANI

Point : je vous prie de m'en dispenser.

MONSIEUR DE POURCEAUGNAC

Est-ce que vous n'êtes pas de mes amis ?

SBRIGANI

Si fait ; on ne peut pas l'être davantage.

MONSIEUR DE POURCEAUGNAC

Vous devez donc ne me rien cacher.

SBRIGANI

C'est une chose où il y va de l'intérêt du prochain.

MONSIEUR DE POURCEAUGNAC

Afin de vous obliger à m'ouvrir votre cœur, voilà une petite bague que je vous prie de garder pour l'amour de moi.

SBRIGANI

Laissez-moi consulter un peu si je le puis faire en conscience. C'est un homme qui cherche son bien, qui tâche de pourvoir sa fille le plus avantageusement qu'il est possible, et il ne faut nuire à personne. Ce sont des choses qui sont connues à la vérité, mais j'irai les découvrir à un homme qui les ignore, et il est défendu de scandaliser son prochain. Cela est vrai. Mais, d'autre part, voilà un étranger qu'on veut surprendre, et qui, de bonne foi, vient se marier avec une fille qu'il ne connait pas et qu'il n'a jamais vue ; un gentilhomme plein de franchise, pour qui je me sens de l'inclination, qui me fait l'honneur de me tenir pour son ami, prend confiance en moi, et me donne une bague à garder pour l'amour de lui. Oui, je trouve que je puis vous dire les choses sans blesser ma conscience ; mais tâchons de vous les dire le plus doucement qu'il nous sera possible, et d'épargner les gens le plus que nous pourrons. De vous dire que cette fille-là mène une vie déshonnête, cela serait un peu trop fort ; cherchons, pour nous expliquer, quelques termes plus doux. Le mot de galante aussi n'est pas assez ; celui de coquette achevée me semble propre à ce que nous voulons, et je m'en puis servir pour vous dire honnêtement ce qu'elle est.

MONSIEUR DE POURCEAUGNAC

L'on me veut donc prendre pour dupe ?

SBRIGANI

Peut-être dans le fond n'y a-t-il pas tant de mal que tout le monde croit. Et puis il y a des gens, après tout, qui se mettent au-dessus de ces sortes de choses, et qui ne croient pas que leur honneur dépende…

MONSIEUR DE POURCEAUGNAC

Je suis votre serviteur, je ne me veux point mettre sur la tête un chapeau comme celui-là, et l'on aime à aller le front levé dans la famille des Pourceaugnacs.

SBRIGANI

Voilà le père.

MONSIEUR DE POURCEAUGNAC

Ce vieillard-là ?

SBRIGANI

Oui : je me retire.

Scène V

Oronte, monsieur de Pourceaugnac.

MONSIEUR DE POURCEAUGNAC

Bonjour, Monsieur, bonjour.

ORONTE

Serviteur, Monsieur, serviteur.

MONSIEUR DE POURCEAUGNAC

Vous êtes Monsieur Oronte, n'est-ce pas ?

ORONTE

Oui.

MONSIEUR DE POURCEAUGNAC

Et moi, Monsieur de Pourceaugnac.

ORONTE

À la bonne heure.

MONSIEUR DE POURCEAUGNAC

Croyez-vous, Monsieur Oronte, que les Limosins soient des sots ?

ORONTE

Croyez-vous, Monsieur de Pourceaugnac, que les Parisiens soient des bêtes ?

MONSIEUR DE POURCEAUGNAC

Vous imaginez-vous, Monsieur Oronte, qu'un homme comme moi soit si affamé de femme ?

ORONTE

Vous imaginez-vous, Monsieur de Pourceaugnac, qu'une fille comme la mienne soit si affamée de mari ?

Scène VI

Julie, Oronte, monsieur de Pourceaugnac.

JULIE

On vient de me dire, mon père, que Monsieur de Pourceaugnac est arrivé. Ah ! le voilà sans doute, et mon cœur me le dit. Qu'il est bien fait ! qu'il a bon air ! et que je suis contente d'avoir un tel époux ! Souffrez que je l'embrasse, et que je lui témoigne...

ORONTE

Doucement, ma fille, doucement.

MONSIEUR DE POURCEAUGNAC

Tudieu, quelle galante ! Comme elle prend feu d'abord !

ORONTE

Je voudrais bien savoir, Monsieur de Pourceaugnac, par quelle raison vous venez

JULIE

Que je suis aise de vous voir ! et que je brûle d'impatience...

ORONTE

Ah, ma fille ! Ôtez-vous de là, vous dis-je.

MONSIEUR DE POURCEAUGNAC

(Julie s'approche de M. de Pourceaugnac, le regarde d'un air languissant, et lui veut prendre la main.)

Ho, ho, quelle égrillarde !

ORONTE

Je voudrais bien, dis-je, savoir par quelle raison, s'il vous plaît, vous avez la hardiesse de…

MONSIEUR DE POURCEAUGNAC

Vertu de ma vie !

ORONTE

Encore ? Qu'est-ce à dire cela ?

JULIE

Ne voulez-vous pas que je caresse l'époux que vous m'avez choisi ?

ORONTE

Non : rentrez là-dedans.

JULIE

Laissez-moi le regarder.

ORONTE

Rentrez, vous dis-je.

JULIE

Je veux demeurer là, s'il vous plaît.

ORONTE

Je ne veux pas, moi ; et si tu ne rentres tout à l'heure, je

JULIE

Eh bien ! je rentre.

ORONTE

Ma fille est une sotte qui ne sait pas les choses.

MONSIEUR DE POURCEAUGNAC

Comme nous lui plaisons !

ORONTE

Tu ne veux pas te retirer ?

JULIE

Quand est-ce donc que vous me marierez avec Monsieur ?

ORONTE

Jamais ; et tu n'es pas pour lui.

JULIE

Je le veux avoir, moi, puisque vous me l'avez promis.

ORONTE

Si je te l'ai promis, je te le dépromets.

MONSIEUR DE POURCEAUGNAC

Elle voudrait bien me tenir.

JULIE

Vous avez beau faire, nous serons mariés ensemble en dépit de tout le monde.

ORONTE

Je vous en empêcherai bien tous deux, je vous assure. Voyez un peu quel *vertigo* lui prend.

MONSIEUR DE POURCEAUGNAC

Mon Dieu, notre beau-père prétendu, ne vous fatiguez point tant : on n'a pas envie de vous enlever votre fille, et vos grimaces n'attraperont rien.

ORONTE

Toutes les vôtres n'auront pas grand effet.

MONSIEUR DE POURCEAUGNAC

Vous êtes-vous mis dans la tête que Léonard de Pourceaugnac soit un homme à acheter chat en poche ? et qu'il n'ait pas là-dedans quelque morceau de judiciaire pour se conduire, pour se faire informer de l'histoire du monde, et voir, en se mariant, si son honneur a bien toutes ses sûretés ?

ORONTE

Je ne sais pas ce que cela veut dire ; mais vous êtes-vous mis dans la tête qu'un homme de soixante et trois ans ait si peu de cervelle, et considère si peu sa fille, que de la marier avec un homme qui a ce que vous savez, et qui a été mis chez un médecin pour être pansé ?

MONSIEUR DE POURCEAUGNAC

C'est une pièce que l'on m'a faite, et je n'ai aucun mal.

ORONTE

Le médecin me l'a dit lui-même.

MONSIEUR DE POURCEAUGNAC

Le médecin en a menti : je suis gentilhomme, et je le veux voir l'épée à la main.

ORONTE

Je sais ce que j'en dois croire, et vous ne m'abuserez pas là-dessus, non plus que sur les dettes que vous avez assignées sur le mariage de ma fille.

41

MONSIEUR DE POURCEAUGNAC

Quelles dettes ?

ORONTE

La feinte ici est inutile, et j'ai vu le marchand flamand qui, avec les autres créanciers, a obtenu, depuis huit mois, sentence contre vous.

MONSIEUR DE POURCEAUGNAC

Quel marchand flamand ? quels créanciers ? quelle sentence obtenue contre moi ?

ORONTE

Vous savez bien ce que je veux dire.

Scène VII

Lucette, Oronte, monsieur de Pourceaugnac.

LUCETTE

Ah ! tu es assis, et à la fy yeu te trobi après abé fait tant de passés. Podes-tu, scélérat, podes-tu sousteni ma bisto ?

MONSIEUR DE POURCEAUGNAC

Qu'est-ce que veut cette femme-là ?

LUCETTE

Que te boli, infâme ! Tu fas semblan de nou me pas counouysse, et nou rougisses pas, impudent que tu sios, tu ne rougisses pas de me beyre ? Nou sabi pas, Moussur, saquos bous dont m'an dit que bouillo espousa la fillo ; *may yeu* bous declari que yeu soun sa fenno, et que y a sept ans, Moussur, qu'en passan à Pezenas el auguet l'adresse dambé sas mignardisos, commo sap tapla fayre, de me gaigna lou cor, et m'oublige praquel mouyen à ly douna la ma per l'espousa.

ORONTE

Oh ! oh !

MONSIEUR DE POURCEAUGNAC

Que diable est-ce ci ?

LUCETTE

Lou trayté me quitel trés ans aprés, sul preteste de qualques affayrés que l'apelabon dins soun païs, et despey noun ly resçauput quaso de noubelo ;

may dins lou tens qui soungeabi lou mens, m'an dounat abist, que begnio dins aquesto bilo, per se remarida danbé un autro jouena fillo, que sous parents ly an proucurado, sensse saupré res de sou prumié mariatge. Yeu ay tout quitat en diligensso, et me souy rendudo dins aqueste loc lou pu leu qu'ay pouscut, per m'oupousa en aquel criminel mariatge, et confondre as ely de tout le mounde lou plus méchant des hommes.

MONSIEUR DE POURCEAUGNAC
Voilà une étrange effrontée !

LUCETTE
Impudent, n'as pas honte de m'injuria, alloc d'estre confus day reproches secrets que ta conssiensso te deu fayre ?

MONSIEUR DE POURCEAUGNAC
Moi, je suis votre mari ?

LUCETTE
Infâme, gausos-tu dire lou contrari ? He tu sabes be, per ma penno, que n'es que trop bertat ; et plaguesso al Cel qu'aco nou fougesso pas, et que m'auquessos layssado dins l'estat d'innoussenço et dins la tranquillitat oun moun amo bibio daban que tous charmes et tas trounpariés nou m'en benguesson malhurousomen fayre sourty ! yeu nou serio pas reduito à fayré lou tristé perssounatgé qu'yeu fave presentomen, à beyre un marit cruel mespresa touto l'ardou que yeu ay per el, et me laissa sensse cap de pietat abandounado à las mourtéles doulous que yeu ressenty de sas perfidos acciûs.

ORONTE
Je ne saurais m'empêcher de pleurer. Allez, vous êtes un méchant homme.

MONSIEUR DE POURCEAUGNAC
Je ne connais rien à tout ceci.

Scène VIII

Nérine, en Picarde, Lucette, Oronte, monsieur de Pourceaugnac.

NÉRINE
Ah ! je n'en pis plus, je sis toute essoflée ! Ah ! finfaron, tu m'as bien fait courir, tu ne m'écaperas mie. Justice, justice ! je boute empeschement au mariage. Chés mon mery, Monsieur, et je veux faire pindre che bon pindar-là.

MONSIEUR DE POURCEAUGNAC

Encore !

ORONTE

Quel diable d'homme est-ce ci ?

LUCETTE

Et que boulés-bous dire, ambe bostre empachomen, et bostro pendarié ? Quaquel homo es bostre marit ?

NÉRINE

Oui, Medeme, et je sis sa femme.

LUCETTE

Aquo es faus, aquos yeu que soun sa fenno ; et se deû estre pendut, aquo sera yeu que lou faray penda.

NÉRINE

Je n'entains mie che baragoin-là.

LUCETTE

Yeu bous disy que yeu soun sa fenno.

NÉRINE

Sa femme ?

LUCETTE

Oy.

NÉRINE

Je vous dis que chest my, encore in coup, qui le sis.

LUCETTE

Et yeu bous sousteni yeu, qu'aquos yeu.

NÉRINE

Il y a quetre ans qu'il m'a éposée.

LUCETTE

Et yeu set ans y a que m'a preso per fenno.

NÉRINE

J'ay des gairents de tout ce que je dy.

LUCETTE

Tout mon païs lo sap.

NÉRINE

No ville en est témoin.

LUCETTE

Tout Pezenas a bist nostre mariatge.

NÉRINE

Tout Chin-Quentin a assisté à no noce.

LUCETTE

Nou y a res de tan beritable.

NÉRINE

Il gn'y a rien de plus chertain.

LUCETTE

Gausos-tu dire lou contrari, valisquos ?

NÉRINE

Est-che que tu me démaintiras, méchaint homme ?

MONSIEUR DE POURCEAUGNAC

Il est aussi vrai l'un que l'autre.

LUCETTE

Quaign'inpudensso ! Et coussy, misérable, nou te soubenes plus de la pauro
Françon, et del paure Jeanet, que soun lous fruits de nostre mariage ?

NÉRINE

Bayez un peu l'insolence. Quoy ? tu ne te souviens mie de chette pauvre
ainfain, no petite Madelaine, que tu m'as laichée pour gaige de ta foy ?

MONSIEUR DE POURCEAUGNAC

Voilà deux impudentes carognes !

LUCETTE

Beny, Françon, beny, Jeanet, beny, toustou, beny, toustoune, beny fayre
beyre à un payre dénaturat la duretat qu'el a per nautres.

NÉRINE

Venez, Madelaine, me n'ainfain, venez-ves-en ichy faire honte à vo père de
l'inpudainche qu'il a.

JEANET, FANCHON, MADELAINE

Ah ! mon papa, mon papa, mon papa !

MONSIEUR DE POURCEAUGNAC
Diantre soit des petits fils de putains !

LUCETTE
Coussy, trayte, tu nou sios pas dins la darnière confusiu, de ressaupre à tal tous enfants, et de ferma l'aureillo à la tendresso paternello ? Tu nou m'escaperas pas, infâme ; yeu te boli seguy per tout, et te reproucha ton crime jusquos à tant que me sio beniado, et que t'ayo fayt penia : couqui, te boli fayré penia.

NÉRINE
Ne rougis-tu mie de dire ches mots-là, et d'estre insainsible aux cairesses de chette pauvre ainfain ? Tu ne te sauveras mie de mes pattes ; et en dépit de tes dains, je feray bien voir que je sis ta femme, et je te feray pindre.

LES ENFANTS, *tous ensemble*
Mon papa, mon papa, mon papa !

MONSIEUR DE POURCEAUGNAC
Au secours ! au secours ! Où fuirai-je ? Je n'en puis plus.

ORONTE
Allez, vous ferez bien de le faire punir, et il mérite d'être pendu.

Scène IX

SBRIGANI
Je conduis de l'œil toutes choses, et tout ceci ne va pas mal. Nous fatiguerons tant notre provincial, qu'il faudra, ma foi ! qu'il déguerpisse.

Scène X

Monsieur de Pourceaugnac, Sbrigani.

MONSIEUR DE POURCEAUGNAC
Ah ! je suis assommé. Quelle peine ! Quelle maudite ville ! Assassiné de tous côtés !

SBRIGANI
Qu'est-ce, Monsieur ? Est-il encore arrivé quelque chose ?

MONSIEUR DE POURCEAUGNAC
Oui. Il pleut en ce pays des femmes et des lavements.

SBRIGANI

Comment donc ?

MONSIEUR DE POURCEAUGNAC

Deux carognes de baragouineuses me sont venu accuser de les avoir épousé toutes deux, et me menacent de la justice.

SBRIGANI

Voilà une méchante affaire, et la justice en ce pays-ci est rigoureuse en diable contre cette sorte de crime.

MONSIEUR DE POURCEAUGNAC

Oui ; mais quand il y aurait information, ajournement, décret, et jugement obtenu par surprise, défaut et contumace, j'ai la voie de conflit de juridiction, pour temporiser, et venir aux moyens de nullité qui seront dans les procédures.

SBRIGANI

Voilà en parler dans tous les termes, et l'on voit bien, Monsieur, que vous êtes du métier.

MONSIEUR DE POURCEAUGNAC

Moi, point du tout : je suis gentilhomme.

SBRIGANI

Il faut bien, pour parler ainsi, que vous ayez étudié la pratique.

MONSIEUR DE POURCEAUGNAC

Point : ce n'est que le sens commun qui me fait juger que je serai toujours reçu à mes faits justificatifs, et qu'on ne me saurait condamner sur une simple accusation, sans un récolement et confrontation avec mes parties.

SBRIGANI

En voilà du plus fin encore.

MONSIEUR DE POURCEAUGNAC

Ces mots-là me viennent sans que je les sache.

SBRIGANI

Il me semble que le sens commun d'un gentilhomme peut bien aller à concevoir ce qui est du droit et de l'ordre de la justice, mais non pas à savoir les vrais termes de la chicane.

MONSIEUR DE POURCEAUGNAC

Ce sont quelques mots que j'ai retenus en lisant les romans.

SBRIGANI
Ah ! fort bien.

MONSIEUR DE POURCEAUGNAC

Pour vous montrer que je n'entends rien du tout à la chicane, je vous prie de me mener chez quelque avocat pour consulter mon affaire.

SBRIGANI

Je le veux, et vais vous conduire chez deux hommes fort habiles ; mais j'ai auparavant à vous avertir de n'être point surpris de leur manière de parler : ils ont contracté du barreau certaine habitude de déclamation qui fait que l'on dirait qu'ils chantent ; et vous prendrez pour musique tout ce qu'ils vous diront.

MONSIEUR DE POURCEAUGNAC

Qu'importe comme ils parlent, pourvu qu'ils me disent ce que je veux savoir ?

Scène XI

Sbrigani, monsieur de Pourceaugnac.

DEUX AVOCATS musiciens, dont l'un parle fort lentement, et l'autre fort vite, accompagnés de DEUX PROCUREURS et de DEUX SERGENTS.

L'AVOCAT *traînant ses paroles*

La polygamie est un cas,
Est un cas pendable.

L'AVOCAT *bredouilleur*

Votre fait
Est clair et net ;
Et tout le droit
Sur cet endroit
Conclut tout droit.

Si vous consultez nos auteurs,
Législateurs et glossateurs,
Justinian, Papinian,
Ulpian et Tribonian,
Fernand, Rebuffe, Jean Imole,
Paul, Castre, Julian, Barthole,

Jason, Alciat, et Cujas,
Ce grand homme si capable,
La polygamie est un cas,
Est un cas pendable.

Tous les peuples policés
Et bien sensés :
Les Français, Anglais, Hollandais,
Danois, Suédois, Polonais,
Portugais, Espagnols, Flamands,
Italiens, Allemands,
Sur ce fait tiennent loi semblable,
Et l'affaire est sans embarras :
La polygamie est un cas,
Est un cas pendable.

> *(Monsieur de Pourceaugnac les bat. Deux Procureurs*
> *et deux Sergents dansent une entrée, qui finit l'acte.)*

49

Acte III

Scène première

Éraste, Sbrigani.

SBRIGANI

Oui, les choses s'acheminent où nous voulons ; et comme ses lumières sont fort petites, et son sens le plus borné du monde, je lui ai fait prendre une frayeur si grande de la sévérité de la justice de ce pays, et des apprêts qu'on faisait déjà pour sa mort, qu'il veut prendre la fuite ; et pour se dérober avec plus de facilité aux gens que je lui ai dit qu'on avait mis pour l'arrêter aux portes de la ville, il s'est résolu à se déguiser, et le déguisement qu'il a pris est l'habit d'une femme.

ÉRASTE

Je voudrais bien le voir en cet équipage.

SBRIGANI

Songez de votre part à achever la comédie ; et tandis que je jouerai mes scènes avec lui, allez-vous-en Vous entendez bien ?

ÉRASTE

Oui.

SBRIGANI

Et lorsque je l'aurai mis où je veux…

ÉRASTE

Fort bien.

SBRIGANI

Et quand le père aura été averti par moi…

ÉRASTE

Cela va le mieux du monde.

SBRIGANI

Voici notre Demoiselle : allez vite, qu'il ne nous voie ensemble.

Scène II

Monsieur de Pourceaugnac en femme, Sbrigani.

SBRIGANI

Pour moi, je ne crois pas qu'en cet état on puisse jamais vous connaître, et vous avez la mine, comme cela, d'une femme de condition.

MONSIEUR DE POURCEAUGNAC

Voilà qui m'étonne, qu'en ce pays-ci les formes de la justice ne soient point observées.

SBRIGANI

Oui, je vous l'ai déjà dit, ils commencent ici par faire pendre un homme, et puis ils lui font son procès.

MONSIEUR DE POURCEAUGNAC

Voilà une justice bien injuste.

SBRIGANI

Elle est sévère comme tous les diables, particulièrement sur ces sortes de crimes.

MONSIEUR DE POURCEAUGNAC

Mais quand on est innocent ?

SBRIGANI

N'importe, ils ne s'enquêtent point de cela ; et puis ils ont en cette ville une haine effroyable pour les gens de votre pays, et ils ne sont point plus ravis que de voir pendre un Limosin.

MONSIEUR DE POURCEAUGNAC

Qu'est-ce que les Limosins leur ont fait ?

SBRIGANI

Ce sont des brutaux, ennemis de la gentillesse et du mérite des autres villes. Pour moi, je vous avoue que je suis pour vous dans une peur épouvantable ; et je ne me consolerais de ma vie si vous veniez à être pendu.

MONSIEUR DE POURCEAUGNAC

Ce n'est pas tant la peur de la mort qui me fait fuir, que de ce qu'il est fâcheux à un gentilhomme d'être pendu, et qu'une preuve comme celle-là ferait tort à nos titres de noblesse.

51

SBRIGANI

Vous avez raison, on vous contesterait après cela le titre d'écuyer. Au reste, étudiez-vous, quand je vous mènerai par la main, à bien marcher comme une femme, et prendre le langage et toutes les manières d'une personne de qualité.

MONSIEUR DE POURCEAUGNAC

Laissez-moi faire, j'ai vu les personnes du bel air ; tout ce qu'il y a, c'est que j'ai un peu de barbe.

SBRIGANI

Votre barbe n'est rien, et il y a des femmes qui en ont autant que vous. Çà, voyons un peu comme vous ferez. Bon.

MONSIEUR DE POURCEAUGNAC

Allons donc, mon carrosse : où est-ce qu'est mon carrosse ? Mon Dieu ! qu'on est misérable d'avoir des gens comme cela ! Est-ce qu'on me fera attendre toute la journée sur le pavé, et qu'on ne me fera point venir mon carrosse ?

SBRIGANI

Fort bien.

MONSIEUR DE POURCEAUGNAC

Holà ! ho ! cocher, petit laquais ! Ah ! petit fripon, que de coups de fouet je vous ferai donner tantôt ! Petit laquais, petit laquais ! Où est-ce donc qu'est ce petit laquais ? Ce petit laquais ne se trouvera-t-il point ? Ne me fera-t-on point venir ce petit laquais ? Est-ce que je n'ai point un petit laquais dans le monde ?

SBRIGANI

Voilà qui va à merveille ; mais je remarque une chose, cette coiffe est un peu trop déliée ; j'en vais querir une un peu plus épaisse, pour vous mieux cacher le visage, en cas de quelque rencontre.

MONSIEUR DE POURCEAUGNAC

Que deviendrai-je cependant ?

SBRIGANI

Attendez-moi là. Je suis à vous dans un moment ; vous n'avez qu'à vous promener.

Scène III

Deux Suisses, monsieur de Pourceaugnac.

PREMIER SUISSE
Allons, dépeschons, camerade, ly faut allair tous deux nous à la Crève pour regarter un peu chousticier sti Monsiu de Porcegnac, qui l'a esté contané par ortonnance à l'estre pendu par son cou.

SECOND SUISSE
Ly faut nous loër un fenestre pour foir sti choustice.

PREMIER SUISSE
Ly disent que l'on fait tesjà planter un grand potence tout neuve pour ly accrocher sti Porcegnac.

SECOND SUISSE
Ly sira, ma foy ! un grand plaisir, d'y regarter pendre sti Limosin.

PREMIER SUISSE
Oui, de ly foir gambiller les pieds en haut tevant tout le monde.

SECOND SUISSE
Ly est un plaisant drôle, oui ; ly disent que c'estre marié troy foye.

PREMIER SUISSE
Sti diable ly vouloir troy femmes à ly tout seul : ly est bien assez t'une.

SECOND SUISSE
Ah ! pon chour, Mameselle.

PREMIER SUISSE
Que faire fous là tout seul ?

MONSIEUR DE POURCEAUGNAC
J'attends mes gens, Messieurs.

SECOND SUISSE
Ly est belle, par mon foy !

MONSIEUR DE POURCEAUGNAC
Doucement, Messieurs.

PREMIER SUISSE
Fous, Mameselle, fouloir finir réchouir fous à la Crève ? Nous faire foir à fous un petit pendement pien choly.

MONSIEUR DE POURCEAUGNAC

Je vous rends grâce.

SECOND SUISSE

L'est un gentilhomme Limosin, qui sera pendu chantiment à un grand potence.

MONSIEUR DE POURCEAUGNAC

Je n'ai pas de curiosité.

PREMIER SUISSE

Ly est là un petit teton qui l'est drôle.

MONSIEUR DE POURCEAUGNAC

Tout beau.

PREMIER SUISSE

Mon foy ! moy couchair pien avec fous.

MONSIEUR DE POURCEAUGNAC

Ah ! c'en est trop, et ces sortes d'ordures-là ne se disent point à une femme de ma condition.

SECOND SUISSE

Laisse, toy ; l'est moy qui lo veut couchair avec elle.

PREMIER SUISSE

Moy ne vouloir pas laisser.

SECOND SUISSE

Moy ly vouloir, moy.

(Ils le tirent avec violence.)

PREMIER SUISSE

Moy ne faire rien.

SECOND SUISSE

Toy l'avoir menty.

PREMIER SUISSE

Toy l'avoir menty toy-mesme.

MONSIEUR DE POURCEAUGNAC

Au secours ! À la force !

Scène IV

Un exempt, deux archers, premier et
second Suisses, monsieur de Pourceaugnac.

L'EXEMPT

Qu'est-ce ? quelle violence est-ce là ? et que voulez-vous faire à Madame ?
Allons, que l'on sorte de là, si vous ne voulez que je vous mette en prison.

PREMIER SUISSE

Party, pon, toy ne l'avoir point.

SECOND SUISSE

Party, pon aussi, toy ne l'avoir point encore.

MONSIEUR DE POURCEAUGNAC

Je vous suis bien obligée, Monsieur, de m'avoir délivrée de ces insolents.

L'EXEMPT

Ouais ! voilà un visage qui ressemble bien à celui que l'on m'a dépeint.

MONSIEUR DE POURCEAUGNAC

Ce n'est pas moi, je vous assure.

L'EXEMPT

Ah, ah ! qu'est-ce que je veux dire ?

MONSIEUR DE POURCEAUGNAC

Je ne sais pas.

L'EXEMPT

Pourquoi donc dites-vous cela ?

MONSIEUR DE POURCEAUGNAC

Pour rien.

L'EXEMPT

Voilà un discours qui marque quelque chose, et je vous arrête prisonnier.

MONSIEUR DE POURCEAUGNAC

Eh ! Monsieur, de grâce.

L'EXEMPT

Non, non : à votre mine, et à vos discours, il faut que vous soyez ce Monsieur
de Pourceaugnac que nous cherchons, qui se soit déguisé de la sorte ; et vous
viendrez en prison tout à l'heure.

Hélas !

Scène V

L'exempt, archers, Sbrigani, monsieur de Pourceaugnac.

SBRIGANI

Ah Ciel ! que veut dire cela ?

MONSIEUR DE POURCEAUGNAC

Ils m'ont reconnu.

L'EXEMPT

Oui, oui, c'est de quoi je suis ravi.

SBRIGANI

Eh ! Monsieur, pour l'amour de moi : vous savez que nous sommes amis il y a longtemps ; je vous conjure de ne le point mener en prison.

L'EXEMPT

Non ; il m'est impossible.

SBRIGANI

Vous êtes homme d'accommodement : n'y a-t-il pas moyen d'ajuster cela avec quelques pistoles ?

L'EXEMPT, *à ses archers*

Retirez-vous un peu.

SBRIGANI

Il faut lui donner de l'argent pour vous laisser aller. Faites vite.

MONSIEUR DE POURCEAUGNAC

Ah maudite ville !

SBRIGANI

Tenez, Monsieur.

L'EXEMPT

Combien y a-t-il ?

SBRIGANI

Un, deux, trois, quatre, cinq, six, sept, huit, neuf, dix.

L'EXEMPT

Non, mon ordre est trop exprès.

SBRIGANI

Mon Dieu ! attendez. Dépêchez, donnez-lui-en encore autant.

MONSIEUR DE POURCEAUGNAC

Mais

SBRIGANI

Dépêchez-vous, vous dis-je, et ne perdez point de temps : vous auriez un grand plaisir, quand vous seriez pendu.

MONSIEUR DE POURCEAUGNAC

Ah !

SBRIGANI

Tenez, Monsieur.

L'EXEMPT

Il faut donc que je m'enfuie avec lui, car il n'y aurait point ici de sûreté pour moi. Laissez-le-moi conduire, et ne bougez d'ici.

SBRIGANI

Je vous prie donc d'en avoir un grand soin.

L'EXEMPT

Je vous promets de ne le point quitter, que je ne l'aie mis en lieu de sûreté.

MONSIEUR DE POUCEAUGNAC

Adieu. Voilà le seul honnête homme que j'ai trouvé en cette ville.

SBRIGANI

Ne perdez point de temps ; je vous aime tant, que je voudrais que vous fussiez déjà bien loin. Que le Ciel te conduise ! Par ma foi ! voilà une grande dupe. Mais voici...

Scène VI

Oronte, Sbrigani.

SBRIGANI

Ah ! quelle étrange aventure ! Quelle fâcheuse nouvelle pour un père ! Pauvre Oronte, que je te plains ! Que diras-tu ? et de quelle façon pourras-tu supporter cette douleur mortelle ?

57

ORONTE

Qu'est-ce ? Quel malheur me présages-tu ?

SBRIGANI

Ah ! Monsieur, ce perfide de Limosin, ce traître de Monsieur de Pourceaugnac vous enlève votre fille.

ORONTE

Il m'enlève ma fille !

SBRIGANI

Oui : elle en est devenue si folle, qu'elle vous quitte pour le suivre ; et l'on dit qu'il a un caractère pour se faire aimer de toutes les femmes.

ORONTE

Allons vite à la justice. Des archers après eux !

Scène VII

Éraste, Julie, Sbrigani, Oronte.

ÉRASTE

Allons, vous viendrez malgré vous, et je veux vous remettre entre les mains de votre père. Tenez, Monsieur, voilà votre fille que j'ai tirée de force d'entre les mains de l'homme avec qui elle s'enfuyait ; non pas pour l'amour d'elle, mais pour votre seule considération ; car, après l'action qu'elle a faite, je dois la mépriser, et me guérir absolument de l'amour que j'avais pour elle.

ORONTE

Ah ! infâme que tu es !

ÉRASTE

Comment ? me traiter de la sorte, après toutes les marques d'amitié que je vous ai données ! Je ne vous blâme point de vous être soumise aux volontés de Monsieur votre père : il est sage et judicieux dans les choses qu'il fait, et je ne me plains point de lui de m'avoir rejeté pour un autre. S'il a manqué à la parole qu'il m'avait donnée, il a ses raisons pour cela. On lui a fait croire que cet autre est plus riche que moi de quatre ou cinq mille écus ; et quatre ou cinq mille écus est un denier considérable, et qui vaut bien la peine qu'un homme manque à sa parole ; mais oublier en un moment toute l'ardeur que je vous ai montrée, vous laisser d'abord enflammer d'amour pour un nouveau venu, et le suivre honteusement sans le consentement de Monsieur votre père, après les crimes qu'on lui impute, c'est une chose condamnée de tout le monde, et dont mon cœur ne peut vous faire d'assez sanglants reproches.

JULIE

Eh bien ! oui, j'ai conçu de l'amour pour lui, et je l'ai voulu suivre, puisque mon père me l'avait choisi pour époux. Quoi que vous me disiez, c'est un fort honnête homme ; et tous les crimes dont on l'accuse sont faussetés épouvantables.

ORONTE

Taisez-vous ! vous êtes une impertinente, et je sais mieux que vous ce qui en est.

JULIE

Ce sont sans doute des pièces qu'on lui fait, et c'est peut-être lui qui a trouvé cet artifice pour vous en dégoûter.

ÉRASTE

Moi, je serais capable de cela !

JULIE

Oui, vous.

ORONTE

Taisez-vous ! vous dis-je. Vous êtes une sotte.

ÉRASTE

Non, non, ne vous imaginez pas que j'aie aucune envie de détourner ce mariage, et que ce soit ma passion qui m'ait forcé à courir après vous. Je vous l'ai déjà dit, ce n'est que la seule considération que j'ai pour Monsieur votre père, et je n'ai pu souffrir qu'un honnête homme comme lui fût exposé à la honte de tous les bruits qui pourraient suivre une action comme la vôtre.

ORONTE

Je vous suis, Seigneur Éraste, infiniment obligé.

ÉRASTE

Adieu, Monsieur. J'avais toutes les ardeurs du monde d'entrer dans votre alliance ; j'ai fait tout ce que j'ai pu pour obtenir un tel honneur ; mais j'ai été malheureux, et vous ne m'avez pas jugé digne de cette grâce. Cela n'empêchera pas que je ne conserve pour vous les sentiments d'estime et de vénération où votre personne m'oblige ; et si je n'ai pu être votre gendre, au moins serai-je éternellement votre serviteur.

ORONTE

Arrêtez, Seigneur Éraste. Votre procédé me touche l'âme, et je vous donne ma fille en mariage.

JULIE

Je ne veux point d'autre mari que Monsieur de Pourceaugnac.

ORONTE

Et je veux, moi, tout à l'heure, que tu prennes le Seigneur Éraste. Çà, la main.

JULIE

Non, je n'en ferai rien.

ORONTE

Je te donnerai sur les oreilles.

ÉRASTE

Non, non, Monsieur ; ne lui faites point de violence, je vous en prie.

ORONTE

C'est à elle à m'obéir, et je sais me montrer le maître.

ÉRASTE

Ne voyez-vous pas l'amour qu'elle a pour cet homme-là ? et voulez-vous que je possède un corps dont un autre possédera le cœur ?

ORONTE

C'est un sortilège qu'il lui a donné, et vous verrez qu'elle changera de sentiment avant qu'il soit peu. Donnez-moi votre main. Allons.

JULIE

Je ne

ORONTE

Ah que de bruit ! Çà, votre main, vous dis-je. Ah, ah, ah !

ÉRASTE

Ne croyez pas que ce soit pour l'amour de vous que je vous donne la main : ce n'est que Monsieur votre père dont je suis amoureux, et c'est lui que j'épouse.

ORONTE

Je vous suis beaucoup obligé, et j'augmente de dix mille écus le mariage de ma fille. Allons, qu'on fasse venir le Notaire pour dresser le contrat.

ÉRASTE

En attendant qu'il vienne, nous pouvons jouir du divertissement de la saison, et faire entrer les masques que le bruit des noces de Monsieur de Pourceaugnac a attirés ici de tous les endroits de la ville.

Scène VIII

Plusieurs masques de toutes les manières, dont les uns occupent plusieurs balcons, et les autres sont dans la place, qui, par plusieurs chansons et diverses danses et jeux, cherchent à se donner des plaisirs innocents.

UNE ÉGYPTIENNE

Sortez, sortez de ces lieux,
Soucis, Chagrins et Tristesse ;
Venez, venez, Ris et Jeux,
Plaisirs, Amour, et Tendresse.
Ne songeons qu'à nous réjouir :
La grande affaire est le plaisir.

CHOEUR DES MUSICIENS

Ne songeons qu'à nous réjouir :
La grande affaire est le plaisir.

L'ÉGYPTIENNE

À me suivre tous ici
Votre ardeur est non commune,
Et vous êtes en souci
De votre bonne fortune.

Soyez toujours amoureux :
C'est le moyen d'être heureux.

UN ÉGYPTIEN

Aimons jusques au trépas,
La raison nous y convie :
Hélas ! si l'on n'aimait pas,
Que serait-ce de la vie ?
Ah ! perdons plutôt le jour
Que de perdre notre amour.

TOUS DEUX en dialogue :

L'ÉGYPTIEN

Les biens,

L'ÉGYPTIENNE
La gloire,

L'ÉGYPTIEN

Les grandeurs,

L'ÉGYPTIENNE
Les sceptres qui font tant d'envie,

L'ÉGYPTIEN
Tout n'est rien, si l'amour n'y mêle ses ardeurs.

L'ÉGYPTIENNE
Il n'est point, sans l'amour, de plaisir dans la vie.

TOUS DEUX *ensemble*
Soyons toujours amoureux .
C'est le moyen d'être heureux.

LE PETIT CHOEUR *chante après ces deux derniers vers* :
Sus, sus, chantons tous ensemble,
Dansons, sautons, jouons-nous.

UN MUSICIEN *seul*
Lorsque pour rire on s'assemble, Les plus sages, ce me semble,
Sont ceux qui sont les plus fous.

TOUS *ensemble*
Ne songeons qu'à nous réjouir :
La grande affaire est le plaisir.